Die besten Ehewitze der Welt

Karl von Wetzky

Die besten Ehewitze der Welt

BECHTERMÜNZ
VERLAG

Satz und Layout: MECO Buchproduktion, Dreieich
Illustrationen: Oldrich Jelinek
Gesamtherstellung: May + Co., Darmstadt
ISBN 3 927117 74 9

Vorwort

> Die Ehe ist ein Hafen im Sturm.
> Öfter ein Sturm im Hafen.

Das deutsche Wort „Ehe“ stammt ab von dem althochdeutschen *ewa* – das (ewig geltende) Gesetz. Wohl in allen Zivilisationen wird sie einem Vertrag gleichgesetzt, der – wie alle Verträge – von beiden Seiten zu erfüllen ist. Das Wort „Witz“ kommt dagegen vom *Wizzi*, also „Verstand“, „Klugheit“ – „Wissen“. Die Verbindung „Ehewitze“ zeigt uns schon, daß wir es mit einem Wortzentaurus zu tun haben.

Wie Ehen zustande kommen, weiß man; wie aber kommen Ehewitze zustande? Nun – das Lustprinzip ist eine Begegnung von Traum und Wirklichkeit. Grillenzirpen und Reißverschluß geraten in verwirrenden Konflikt, die Schönheit und Gestalt fliehen bald, es bleibt das Trösten und das Versöhnen. Es sind eben Witze, die das Lustprinzip der Ehe retten.

Was ist eigentlich Ehe? Eine Vorhölle? Eine Art von irdischem Fegefeuer für zwei arme Seelen? Eine Arena für den Kampf der Geschlechter?

Das alles kann die Ehe natürlich sein, und kein Vertrag kann jemandem das Gegenteil garantieren. Denn zu einer glücklichen Ehe braucht man eben mehr als Staats- und Kirchenaufsicht über Tisch und Bett. Man braucht Vernunft, Klugheit und noch etwas. Vielleicht Liebe?

Mit Liebe kann man viel tun, genauso viel wie mit Gewalt. Nur Bleistifte kann man eben mit Gewalt nicht spitzen, sondern nur mit Liebe. Vielleicht.

Zitieren wir zunächst eine Weisheit aus China:

Willst du einen Tag glücklich sein, widme dich deiner Geliebten.

Willst du eine Woche glücklich sein, dann widme dich deiner Frau.

Willst du aber das ganze Leben glücklich sein, widme dich vor allem deinem Garten.

Der Garten des Lebens ist für uns Abendländer die Ehe. Sie ist eine große Aufgabe. Unsere Zivilisation, die heute nach den Sternen greift, wäre ohne sie nicht möglich.

Und gerade deswegen reißen wir über die Ehe Witze. Wie über alles, was wir so sehr lieben, daß wir es nicht zugeben wollen. Vielleicht deshalb, weil wir Angst haben, es dann nicht mehr so zu lieben.

Und Angst erzeugt Aggressionen.

Der Witz entschärft sie im Lachen.

In diesem Sinne empfehlen wir unsere Sammlung allen lust- und leiderfahrenen Leserinnen und Lesern und dürfen ihnen ein aufklärendes, tröstendes oder auch angenehm kühlendes Vergnügen wünschen.

PROLOG
Verlobter – ein Ehemann auf Bewährung

Wird dein Vater einverstanden sein, daß du meine Frau wirst?"

„Bisher war er es immer..."

❦

Ein junger Mann kniet vor seiner Auserwählten und hält um ihre Hand an.

„Kommt nicht in Frage", sagt das Mädchen streng, „mein Zukünftiger muß mindestens sieben Riesen verdienen, er muß kochen, aufräumen und bügeln können, er muß jederzeit für mich bereit sein, und was andere Männer anbelangt, so muß er sich sehr – sehr großzügig erweisen!"

„Also gut", sagt der Junge. „Aber wenn ich schon hier einmal knie, dann erlauben Sie mir wenigstens, für den Armen zu beten..."

❦

Hörst du, Liebster", haucht zärtlich ein sehr romantisches Mädchen, „wie die Grillen zirpen?"

„Was heißt hier Grillen", antwortet mürrisch der Junge, „das ist der Reißverschluß an deinem Rock..."

In einem Eheinstitut regt sich ein Mann auf. „Das nennt man Betrug! Ich wollte eine dreißigjährige Witwe, und dieses Weib ist mindestens fünfzig Jahre alt!"

„Aber mein Herr, wir haben doch Ihre Wünsche erfüllt. Die Dame ist schon dreißig Jahre Witwe..."

❦

Nachdem zwei junge Frauen das Kino verlassen hatten, schwärmten sie noch lange danach von dem männlichen Filmstar. Schließlich sagte die eine:

„Wenn ich heirate, dann muß mein Mann auch so ein Held sein!"

„Allerdings. Das muß er!"

❦

Das Alter beginnt genau mit jenem Tage, an dem man nicht mehr gefragt wird, warum man nicht heiratet, sondern, warum man nicht geheiratet hat...

Die Mutter gibt ihrer Tochter gute Ratschläge für das Leben. Der Vater hört mit Interesse zu und bemerkt:

„Also das möchte ich gerne wissen: Woher kennst du all die ekelhaften Dinge, vor denen du sie warnst...?"

Verheiratet zu sein, sagte ein frischgebackener Gatte, ist eigentlich wie ein Arbeitsverhältnis. Natürlich mit dem Unterschied, daß man sich verpflichtet, seinen Chef auch noch zu lieben...

Der Direktor – mit der Zeitung in der Hand – kommt zu der Sekretärin:

„Ich kann mich wirklich nicht erinnern, als ich Ihnen die Einstellungsannonce diktierte, gesagt zu haben, der neue Abteilungsleiter solle ledig oder, wenn geschieden, ohne Verpflichtungen sein..."

Junger Mann„, sagt die Mutter streng zu dem Freund ihrer Tochter, „das ständige Besuchen dauert schon vier Jahre. Wollen Sie nun Maria heiraten oder nicht?"

„Das ist wirklich nett von Ihnen, daß Sie mir noch die Wahl lassen..."

Ein Junggeselle ist ein Mann, der ganz nach seinem Belieben auf der linken oder auf der rechten Seite aus seinem Bett steigen kann.

Der Richter zum Zeugen:
„Als Sie sahen, wie die Ehefrau ihres Freundes diesen mit einem einzigen Faustschlag zum Boden streckte, was haben Sie da getan – aber, bitte, ganz genau."

„Ich bin auf dem kürzesten Wege nach Hause gegangen, um meine Verlobung aufzuheben..."

Ich habe heute zwei Heiratsanträge bekommen."
„Und wie hast du dich entschieden?"
„Ich glaube, zuerst werde ich Jürgen nehmen..."

Kurt – wirst du mich heiraten?"
„Nein!"
„Runter!"

Nun", sagt der Frauenarzt zur Hildegard, „ich hab' für Sie eine gute Nachricht. Sie werden in sieben Monaten niedrigere Steuern zahlen dürfen..."

Du bist herzlos!" wirft Mutter ihrer Tochter vor, „mit sechzehn hast du nichts im Kopf als Liebhaber, aber daß deine Mutter den dreißigsten Geburtstag feiert, daran denkst du nicht, wie?"

Sie sind doch ein hübscher, intelligenter und ausgeglichener Mann. Warum haben sie bis heute nicht geheiratet?"

„Die drei Grunde haben Sie soeben genannt..."

Wir werden uns einen herrlichen Abend machen", sagt der Junge zu seinem Mädchen in der Tür, „ich habe drei Kinokarten für eine ausverkaufte Vorstellung besorgt!"

„Ist das nicht eine zuviel?"

„Nein! Zwei für deine Eltern und eine für deinen Bruder..."

Dem Madrider „Club der verzweifelten Junggesellen" schickte ein altes Fräulein sein Foto. Umgehend kam es zurück mit der Aufschrift:

„So verzweifelt sind wir nun auch wieder nicht!"

Nach der Hochzeitsnacht fragt der Ehemann: „Wie viele Liebhaber hattest vor mir?"

Die Frau schweigt eine Weile, so daß sich der Mann ganz taktlos vorkommt.

„Du ärgerst dich, was?"

„Nein, ich rechne nach..."

Herr Prosnitz trifft seinen Freund, einen eingefleischten Junggesellen – mit einem Ring am Finger.

„Hat es dich doch erwischt?"

„Ach, es machte mir keinen Spaß mehr, in den Gasthäusern herumzusitzen."

„Ist es nun besser?"

„Ja. Es macht mir jetzt wieder Spaß..."

Alkohol hat viele Scheidungen auf dem Gewissen. Niemand aber hat bisher erforscht, wie viele Ehen er gestiftet hat...

Ich glaube", sagt Monika, „Horst liebt mich und will mich heiraten."

„Hat er sich dir gegenüber ausgesprochen?"

„Das nicht, aber er hat seine Frau erschossen..."

Hast du vor mir viele Frauen verführt?" fragt sie ihn im intimsten Augenblick.

„Sicher. Ich liebe dich zu sehr, um dich nur als Versuchsobjekt zu gebrauchen..."

Einer Frau den Hof machen und sie dann heiraten: Ein interessantes Vorwort zu einem langweiligen Buch.

DIALOG

Kinder – Ein teurer Spaß, den sich vorwiegend die Armen leisten.

Der Mann ruft seine Frau in der Entbindungsstation an:

„Ist der Junge gesund?"

„Ja, er ist in Ordnung."

„Und du?"

„Auch."

„Wem ist er ähnlich?"

„Ach, du kennst ihn doch gar nicht…"

❦

Was machen die Leute", fragt der Sohn seine Mutter, „mit einem Auto, das zu gar nichts taugt?"

„Sie verkaufen es deinem Vater…"

❦

Sagt der Großvater zu seinem Enkel: „Hätte es in meinen jungen Zeiten elektrische Heizdecken, Fast Food und Fertiggerichte gegeben, dann würdest du nicht existieren, mein Junge…"

Der Sohn besucht eine Disco und traut seinen Augen nicht. Zwischen den Teens dreht sich mit einer flotten Biene – sein eigener Vater!

„Ja, Papa, sind das nicht meine Jeans?"

„Sicher, mein Sohn!"

„Und meine Lederjacke?"

„Ja, mein Sohn."

„Mein Hemd … sogar mein Gürtel!"

„Du willst doch nicht, daß mir deine Hosen herunterfallen, mein Sohn…"

❦

Der Vater kommt vom Lande in die Stadt, um seinen Sohn zu besuchen. In der Universität ist er nicht. Er hat die Adresse und findet am späten Abend die Straße und das Haus.

Die Vermieterin öffnet und der Vater fragt:

„Wohnt hier Herr Schäfer?"

„Ja", sagt die Vermieterin ohne ein Zeichen von Überraschung, „legen sie ihn dort auf das Sofa…"

RAP
POP

„Sie haben einen Jungen“, meldet die Schwester dem ungeduldigen Vater auf der Wochenstation.

„Um Himmelswillen! Und meine Frau?“

„Beruhigen Sie sich. Sie hat ihn natürlich auch…“

❦

Draußen gießt es in Strömen. Ein frischgebackener Vater erwartet seinen Stammhalter und ruft schon zum zweiundzwanzigsten Mal in der Entbindungsstation an. Die Schwester will ihn beruhigen und sagt ihm, das Kind sei schon unterwegs.

„Unterwegs? Bei diesem Sauwetter?“

❦

Sagt die Mutter zu ihrer heranwachsenden Tochter: „Siehst du, ich bin schon vierundzwanzig Jahre verheiratet und liebe immer noch ein- und denselben Mann.“

„Und Vati ist dir bisher nicht dahintergekommen?“

„Ein fremder Bub hat mich verprügelt", sagt weinend Hansi nach der Rückkehr aus der Schule.

„Würdest du ihn wiedererkennen?"

„Und ob – ich hab' ein Stückchen von seinem Ohrläppchen in der Schultasche..."

„Wie heißen deine Eltern?" fragt der Polizist einen weinenden kleinen Jungen.

„Käferchen und Bärchen!"

„Mutti", fragt der kleine Franz neugierig, „wie bin ich auf die Welt gekommen?"

„Nun", sagt Mutter seufzend, „draußen regnete es, unser Fernsehapparat war kaputtgegangen..."

„Iß!" sagt die Mutter streng zu ihrem Sohn. „In zwanzig Jahren wirst du deiner Frau erzählen, wie herrlich deine Mutter gekocht hat!"

„Nach dem Mittagessen hilfst du mir beim Geschirrspülen", sagt Mutti zu ihrem zehnjährigen Sohn.

„Bin ich vielleicht mit dir verheiratet, Mutti...?"

❦

„Vati hat mich zweimal verprügelt!" klagt weinend der kleine Franz seiner Mutti. „Wegen des Zeugnisses! Zum ersten Mal, als er die Fünfer gesehen hat, und zum zweiten Mal, als er entdeckte, daß es sein eigenes Zeugnis war..."

❦

„Unser zukünftiger Schwiegersohn", meint der Vater düster, „gefällt mir ganz und gar nicht. Er kann nicht Karten spielen, und trinken schon überhaupt nicht!"

„Aber das ist doch ein Vorteil, daß er sowas nicht beherrscht!" wundert sich die Mutter.

„Aber er tut es trotzdem!"

MONOLOG

Glückliche Ehe – ein typisches Beispiel einer Scheidung, die nicht gut ausgefallen ist.

„Also es ist schon so weit gekommen“, beschwert sich bitter die Ehefrau, „daß ich dich nur noch zweimal in der Woche sehen!“

„Aber ich dich doch auch!“ antwortet der Gatte. „Und mach’ ich dir deswegen Vorwürfe...?“

„Hörst du“, sagt eine romantisch veranlagte Frau, „wie schön die Amsel im Lindenbaum zwitschert?“

„Sicher“, antwortet der praktische Mann, „jedes Jahr bekommt so ein Amselhahn ein neues Weibchen, er ist frei von Sorgen, die Zähne tun ihm nicht weh, Schulden hat er auch keine. Da würde ich an seiner Stelle auch zwitschern!“

„Also, Weib“, regt sich der Gatte auf, „du hast mir gesagt, du gehst zum Arzt – und du kommst mit einem Haufen Kleider nach Hause. – Wie soll ich das verstehen!“

„Hab’ ich dir nicht gesagt, daß das ein richtiger Modearzt ist...?“

Zu der Diskussion über den Zölibat und die ausschließlich den Männern vorbehaltene Priesterschaft. Frauen können tatsächlich nicht Priesterinnen werden – wenigstens nicht in der katholischen Kirche.

Das Beichtgeheimnis wäre nicht aufrecht zu erhalten...

❦

Ein Mann bringt seinen Freund zum Abendessen mit nach Hause. Der fragt vorsichtshalber: „Weiß deine Frau wirklich, daß ich komme?"

„Aber selbstverständlich. Wir haben uns doch deswegen schrecklich zerstritten..."

❦

Nichts Gefährliches", sagt der Arzt beruhigend, „es wird nur ein bißchen Abstinenz von Ihnen verlangt. Für einen Monat kein Rauchen, kein Trinken und auch von ehelichen Pflichten Abstand nehmen. Das genügt."

Der Patient hält es drei Wochen aus, dann kapituliert er und zündet sich eine Zigarette an.

„Siehst du, wie du bist", sagt vorwurfsvoll seine Frau, „Rauchen, das ja?"

Mann", sagt weinend die Ehefrau, „hast du denn überhaupt kein Herz? Seit acht Uhr warte ich auf dich! Kein Auge habe ich zugetan, und du kommst immer so spät..."

„Na siehst du", regt sich der Mann auf, „und ich will dich wieder nicht stören und warte seit acht Uhr vorm Haus, bis du eingeschlafen bist!"

So", sagt resigniert der Mann vor der abgeschlossenen Wohnung zu seiner Frau, „das ist das Ergebnis deiner Schlüsselgewalt! Die Schlüssel von der Garage sind in der Wohnung. Die Wohnungsschlüssel im Auto. Und der Wagen in der Garage..."

Die frischgebackene Ehefrau trägt stolz ihren ersten Kuchen auf den Tisch.

„Ist er nicht schön?"

Der Mann versucht vergeblich ein Stückchen abzubrechen, riecht an dem Kuchen und schlägt vorsichtig vor:

„Ganz, ganz wunderschön – wie wär's, wenn wir uns diesen ersten als Andenken aufheben...?"

Ein Polizist hält den Wagen an: „Also dreißig Stundenkilometer sind hier vorgeschrieben, und Sie sind gute achtzig gefahren. Zeigen Sie mir mal Ihre Papiere…“

Hinter dem Fahrer kommt im Stakkato eines Maschinengewehres:

„Richtig, brummen Sie ihm ruhig eine Strafe auf, ich selbst bin schon mit den Nerven am Ende, wie er fährt, er läßt sich nichts sagen, jeden muß er überholen, dabei hat er es gar nicht nötig, aber er hört ja nicht, ja geben Sie ihm die Strafe, damit er sich das merkt, der Irre, der Verrückte, der Unverantwortliche! Und sowas habe ich geheiratet…“

Der Polizist wird blaß, und gibt dem Fahrer seinen Führerschein zurück.

„Um Himmelswillen, ich hab' nicht das Herz, Sie noch mehr zu bestrafen. Mir genügt, was ich höre, wenn ich fahre!“

❦

Gestern hab' ich mit meinem Mann“, sagt Monika zu ihrer Freundin, „meinen dreißigsten Geburtstag gefeiert.“

„Es war auch höchste Zeit!“

„Und wie endete euer Ehestreit?“ fragt ein Pantoffelheld den anderen.

„Sie ist auf den Knien zu mir gekrochen!“

„Das glaube ich nicht! Wie hast du es geschafft? Und was hat sie dabei gesagt?“

„Komm unter dem Bett heraus, du Feigling!“

„Ihr Mann“, sagt der Arzt streng zu einer Ehefrau, „leidet an einer schweren Depression. Er braucht zu Hause absolute Ruhe!“

„Sehen Sie Herr Doktor – und genau das sag' ich ihm mindestens hundertmal am Tag…“

Nach dem Ehestreit schluchzt die Frau: „Als wir uns kennengelernten, sagtest du mir, es gebe keine andere Frau, die so sei wie ich!“

„Dazu stehe ich auch heute noch!“

Die Frauen sind wie Hobbyfischer. Sie geben an mit dem, was ihnen entwischt ist, und schimpfen auf das, was sie gefangen haben.

Daniel heiratet die Lehrerin Monika. In der Hochzeitsnacht umarmt sie ihn und fragt ihn sehr zärtlich:

„Liebst du mich!"

„Ja!"

„Antworte mit einem ganzen Satz, bitte!"

Deine Frau kann ja überhaupt nicht kochen, wie lebt ihr eigentlich zusammen?"

„Das Essen ist eben für mich die Pflicht, und meine Frau ist die Kür..."

„Und nun“, sagte freudig die Ehefrau, „machen wir uns ein schönen, poetischen Abend. Ich werde dir deine Liebesbriefe aus der Zeit vor unser Heirat vorlesen.“

„Gut, ich gebe mich geschlagen. Wieviel Geld brauchst du?“

„Meine Frau hat aus mir einen Menschen gemacht!“

„Wieso?“

„Ich war doch ein Esel, als ich sie geheiratet habe!“

„Die Schäfers haben uns zum Wochenende eingeladen – gehen wir?“

„Selbstverständlich! Weißt du, was für eine Freude die hätten, wenn wir nicht kämen?“

Also Frau Swoboda", sagt der Arzt, „ich bewundere die Opferbereitschaft, mit der Sie Ihren Mann pflegen."

„Ich muß, Herr Doktor, ich muß! Wer würde schon eine Witwe mit vier Kindern heiraten!"

Mutti wird überrascht sein", sagt Fritzchen, als er Vati die Haustür aufmacht. „Sie hat dich vor einer Stunde im Büro angerufen."

„Na und?"

„Sie spricht noch immer mit dir."

Also jetzt ganz ehrlich, Weib. Was hast du dir gedacht, als ich gestern mit einem blauen Auge nach Hause gekommen bin?"

„Nichts habe ich gedacht. Als du kamst, hast du es ja noch nicht gehabt..."

Ein Patient wird aus dem Irrenhaus entlassen. Der Direktor erklärt ihm freudig:

„Nun sind sie geheilt und können wieder zu ihrer Frau zurückkehren."

„Denken Sie, ich bin verrückt?"

❦

„Was möchtest du zur silbernen Hochzeit, Liebling? Einen Pelz oder einen Ausflug?"

„Einen Ausflug nach Nepal. Ich hörte, dort sind die Pelze erheblich billiger."

❦

Ehefrauen unter sich:

„Dein Achmed gefällt mir nicht. Er kommt mit den Geschlechtsartikeln nicht zurecht. Außerdem verwechselt er ständig mir und mich."

„Dafür verwechselt dein Franz ständig mich mit dir."

Die noch blutjunge Tochter ist mit ihrem Freund schon eine Weile in ihrem Zimmer. Es ist die ganze Zeit außerordentlich still.

„Also“ sagt der Vater, „sollten wir ihn nicht irgendwie höflich verabschieden?“

„Aber Bärchen, erinnere dich, als wir jung waren...“

„Du hast recht – ich schmeiß ihn sofort heraus, den Lümmel!“

❦

Wir haben Geldsorgen, Frau. Unser Hausbudget ist sehr unausgeglichen. Wir werden den Gürtel enger schnallen müssen!“

„Heißt das, wir werden uns mehr leihen, oder weniger zurückzahlen...?“

❦

Also erklären Sie mir, Zeugin, wie konnten Sie, eine schmächtige, zarte Frau, den Einbrecher so zusammenschlagen, daß er einen ganzen Monat im Krankenhaus verbringen mußte?“

„Ich dachte, mein Mann wäre betrunken aus der Kneipe gekommen...“

Weinend wirft die Ehefrau ihrem Mann vor: „Schon seit vierzehn Tagen sage ich dir, du brauchst mir zum Geburtstag nichts zu kaufen – und nun du hast ihn auch noch vergessen!"

❦

Also Schnuckiputzi", sagt die Ehefrau zärtlich, „wir haben schon genug über meine Probleme gesprochen. Widmen uns wir jetzt den deinen. Was willst du mir zu Weihnachten kaufen..."

❦

Hast du den Helden schon gesehen", fragt die Ehefrau ihren Mann im Krankenhaus, „der mich gestern vor dem Ertrinken gerettet hat?"

„Ja, er war da – um sich zu entschuldigen..."

❦

Würdest du mir gefälligst sagen", schimpft die Ehefrau, „woher du so spät kommst, und dazu noch vollkommen nüchtern?"

Hör' zu", sagt Willi zu seinem Freund in der Kneipe, „hast du nicht irgendwo meine Alte gesehen?"

„Nein!"

„Wirklich nicht?"

„Ich bin ganz sicher!"

„Dann können wir noch einen heben."

Du trinkst schon wieder", jammert Gisela, „und dabei hast du mir versprochen, ein ganz anderer Mensch zu werden, gleich nach der Hochzeit!"

„Bin ich geworden. Aber der andere Mensch trinkt eben auch!"

Ich fürchte", sagt Hans düster zu seinem Freund, „daß mich Hilde bezüglich ihres Alters belügt. Sie erinnert sich an Filme, wo sich Liebesszenen noch nicht im Bett abspielten..."

Wie wird es dieses Jahr mit ihrem Urlaub aussehen, Herr Krause?"

„Ganz einfach: ich brauche mich gar nicht darum zu kümmern. Wann ich fahre – das entscheidet mein Chef. Wohin wir fahren, darüber entscheidet meine Frau. Und ich muß mich lediglich entscheiden, woher wir das Geld dafür nehmen..."

❦

Denk' mal an", ruft Frau Hoffe ihren Mann an, „ein Kerl hat meine Mutter überfallen!"

„Grausam! Und in welches Krankenhaus haben sie ihn gebracht?"

❦

Frau Schäfer bringt ihrem Mann eine Torte mit zehn brennenden Kerzen.

„Was feiern wir denn?"

„Vor zehn Jahren hast du mir einen Pelz gekauft..."

Es gibt doch noch Kavaliere“, freut sich Frau Baumann. „Heute in der Straßenbahn sind vier Männer aufgestanden, um mir ihren Platz anzubieten!“

„Das war eine beleidigende Übertreibung“, sagt ihr Mann, „dabei hätten doch schon drei vollkommen genügt…“

❦

Ein frischgebackener Ehemann fragt seine Frau, was es zum Abendessen gibt.

„Hätten wir Eier zu Hause, würde ich dir ein Champignonomelette machen, aber Champignons gibt es auch nicht…“

❦

Bald kommt die Zeit“, sagt Frau Hausmann zu ihrem Mann, „wo ich zu Hause nur auf einen Knopf drücke, und mein Roboter macht alle Haushaltsarbeiten.“

„Ich glaube nicht“, sagt ihr Mann, „daß du je einen Knopf anrührst. Es genügt, meine Jacke anzusehen…

Eine stattliche Siebzigerin kommt in die Apotheke und verlangt Antibabypillen und zehn Sets Verhüterli.

„Aber, aber...", sieht sie der Verkäufer verwundert an und stottert „Sie wollen doch nicht noch..."

„Ich weiß, ich weiß, keine Bange. Ich will nur meinen Mann aus seiner muffigen Ruhe bringen..."

Frau Jung spricht wütend ihren Mann an: „Du hast schlecht erzogene Freunde. Ich habe heute den Franz getroffen und mit ihm ein wenig geplaudert. Dabei hat er mindestens fünfmal gegähnt!"

„Bestimmt nicht – wahrscheinlich wollte er nur etwas sagen."

Meine Frau", sagt ein verzweifelter Ehemann, „kauft Dinge, die wir nicht brauchen, für Geld das wir nicht haben, und das nur deshalb, um auf Leute Eindruck zu machen, die wir nicht ausstehen können!"

Was ist eigentlich mit der Mitgift, die uns dein Vater versprochen hat? Ein Jahr sind wir zusammen und nichts ist da!"

„Aber sei doch gerecht, Hans. Er zahlt es uns in Raten aus."

„Aber ich habe dich im Ganzen geheiratet!"

Wenn sich die Ehefrau im Pelzgeschäft von ihrem Mann beraten läßt, so ist jeder gute Rat teuer.

Es ist uns sehr peinlich", sagt verlegen die Stewardeß, „aber Ihre Frau ist bei der Zwischenlandung versehentlich in Honolulu geblieben – wir haben sie vergessen."

„Bin ich aber froh," ruft erleichtert der Reisende, „und ich dachte schon, ich sei taub geworden!"

Vati, was ist der Unterschied zwischen geizig und sparsam?"

„Ganz einfach, Markus. Wenn ich sage, daß mein Mantel noch ein Jahr länger aushält, bin ich sparsam. Wenn ich aber Mutti sage, sie könnte ihren Mantel noch ein Jahr länger tragen, so bin ich geizig."

Er lebt in seiner Ehe wie in einem Märchen. Er wartet, wer ihn von dem Drachen befreit...

Eine Frau mit Charakter. Sie hat ihn auch dann nicht verlassen, als sie ihn vollkommen ruiniert hatte.

Sei doch einmal aufrichtig zu mir", sagt Herr Müller seiner Frau, „vergiß für einen Moment, daß ich dein Mann bin..."

Meine Frau will für einen Monat zu ihrer Mutter gehen."

„Und deswegen schneidest du ein so trauriges Gesicht?"

„Ja, sonst würde sie das nämlich unterlassen..."

Wir machen uns beide einen schönen, ruhigen Sonntag", sagt der Mann zu seiner Frau. „Wir kaufen uns jeder zwei Flaschen Wein – und du gehst deine Mutter besuchen."

Mariechen weint. „Ich hab' eine Anzeige aufgegeben, ich suche einen feurigen Begleiter für den Sommerurlaub."

„Es sind wohl nur wenige Angebote zur Auswahl gekommen, was?"

„Doch, aber zu Hause der Skandal..."

„Skandal? Bei einem anonymen Inserat?"

„Eine Antwort kam nämlich von Papa..."

Zwei Freundinnen – die eine hat Platzwunden im Gesicht und einen Arm im Gips. „Mein Mann“ sagt sie wütend, „hat mich schrecklich überrascht – er hat sich plötzlich gewehrt...“

❦

Meine Mutter“, sagt die Ehefrau streng, „hat sich beschwert, daß du grob zu ihr warst.“

„Das ist doch Unsinn. Hat die schon einmal wen zu Wort kommen lassen...?“

❦

Fußballmatch. Es gießt wie aus Kübeln. Ein durch und durch nasser Zuschauer sagt zu seinem Nachbarn:

„Und bedenke: in diesem Wetter wollte mich meine Frau zu einem Spaziergang zwingen...“

❦

Ich weiß nicht, was meinen Alten mehr aufregt: wenn ich nicht weiß, wofür ich das Geld ausgegeben habe, oder wenn ich es ausführlich aufzähle...“

Mitten in der Nacht weckt die Ehefrau ihren Mann. Der springt ängstlich auf und ruft:

„Was ist los?"

„Nichts – aber ich verstehe nicht, wie du mit einem derart kleinen Gehalt so ruhig schlafen kannst!"

❦

Ein alter Businessman heiratete ein blutjunges Mannequin.

„Wie klappt es denn?" wurde er bald von seinen Freunden gefragt.

„Ja, die Ware ist ausgezeichnet, nur die Verpackung – die kostet schon eine Menge..."

❦

Ich würde die Hand dafür ins Feuer legen", sagt die Ehefrau, „wenn ich sterbe, heiratest du sehr bald eine andere!"

„Ich glaub' dir auch so, Liebling."

Und du solltest endlich aufhören, so ein Egoist zu sein – ‚mein' Auto, ‚meine' Eigentumswohnung, ‚meine' Ehe ... was suchst du denn ständig herum, Mann!"

„Ich suche unsere Unterhosen..."

Der eine von meinen Schwiegersöhnen will, daß ich nach Rostock umziehe, und der zweite wieder, ich soll in München wohnen."

„Das ist doch nett von ihnen, oder?"

„Aber der erste lebt in München und der zweite in Rostock..."

Herr Doktor, meine Frau ist taub geworden, was soll ich machen?"

„Versuchen Sie, einmal früher als um drei Uhr morgens nach Hause kommen..."

„Mir schlägt mein Mann keine Bitte ab", brüstet sich Frau Banger. „Ich heule immer so lange, bis er nachgibt..."

„Und wenn das nicht hilft?"

„Dann ruhe ich mich eine Weile aus und fange wieder zu weinen an..."

Vor der Premiere sagt der Gatte zu seiner Frau:

„Ich habe mir gedacht, daß du in deinen alten Kleidern nicht ins Theater gehen möchtest..."

„Du bist aber nett, daß du daran denkst", unterbricht ihn die gerührte Frau.

„Also habe ich nur eine Eintrittskarte gekauft..."

„Das einzige was mich tröstet", sagt die schluchzende Witwe zu ihrer Freundin, „er hat nicht lange gelitten!"

„Wie lange habt ihr zusammengelebt...?"

„Wie schön", jauchzt die Ehefrau nachdem die Weihnachtsgeschenke ausgepackt waren, „die Hosen passen dir wie angegossen!"

„Das schon", sagt der Mann, „nur um den Hals sind sie mir etwas zu eng…"

❦

„Ach, Formentera – dieser Insel verdanke ich die schönsten Augenblicke meiner Ruhe!"

„Soweit ich weiß, warst du noch nie dort."

„Aber meine Frau – jedes Jahr!"

❦

„Die Schönheit der Frau", belehrt die Gattin ihren Mann, „ist ihre mächtigste Waffe!"

„Aber woher ich das Geld für die Rüstung nehmen soll, weißt du nicht…"

Als Herr Kusack feststellt, daß sein Chef nicht im Büro ist, begibt er sich heimlich nach Hause. Dort sieht er durch die halbgeöffnete Tür des Schlafzimmers – seine Frau – im Bett mit seinem Chef!

Leise kehrt er um und verkündet blaß seinen Kollegen: „Fast hätte er mich zu Hause erwischt…"

Der Mann bringt seine Frau zum Psychiater. Der untersucht sie in dessen Anwesenheit, dann lächelt er sie an, gibt ihr einen Kuß, und streichelt ihre Wange:

„Das ist es, was Ihrer Frau fehlt."

„Und wann soll ich sie wieder herbringen…?"

Der Mann macht einen Kurzschriftkursus. Seine Frau fragt ihn nach der Rückkehr:

„Würdest du es schaffen, so schnell zu schreiben, wie ich spreche?"

„Sicher, aber nicht so lange…"

Der Mann lehnt ab, seiner Frau neue Kleider zu kaufen. Sie setzt sich ans Klavier und fängt an zu spielen. Er protestiert:

„Mit Gewalt schaffst du es schon gar nicht!"

❦

Deine Liebe zu mir hat aufgehört", heult die Ehefrau dem überraschten Mann vor, „und ich wundere mich auch nicht. Kannst du mich denn überhaupt lieben in diesem uralten Pelz..."

❦

Drei Uhr in der Nacht, der Mann kommt aus dem Gasthaus.

„Weißt du, wie spät es ist?" kommt die vorwurfsvolle Frage aus dem Ehebett.

„So gegen eins", sagt der Mann unschuldig.

In dem Moment öffnet sich die Kuckucksuhr und ertönt:

„Kuckuck-kuckuck-kuckuck!"

„Ich weiß, ich weiß", schreit der Mann, „du brauchst mir das nicht dreimal zu wiederholen!"

Wenn du Geld von mir willst“, wirft der Mann seiner Frau vor, „dann bist zu mir sehr lieb.“

„Aber ich bin doch immer lieb.“

„Na eben!“

Der Ehestreit hat seinen Höhepunkt erreicht. Der Mann haut auf den Tisch und brüllt:

„Damit du es weißt. Damals, vor dreißig Jahren, hab’ ich nicht nach dir, sondern nach dem Taxi gepfiffen…“

Die frischgebackene Ehefrau weint bei ihrer Freundin:

„Er trinkt!“

„Hast du das nicht vor der Hochzeit gewußt?“

„Nein. Und danach auch nicht gleich. Aber gestern ist er einmal nüchtern nach Hause gekommen…“

Bärchen, ich hab dir ein tolles Geschenk zum Geburtstag gekauft"

„Also das will ich sehen, Käferchen!"

„Warte nur, bis ich es anziehe…"

❦

Früher warst du glücklich", wirft die Frau ihrem Mann vor, „wenn du mich nur ein paar Minuten täglich sehen konntest!"

„Aber daran hat sich doch gar nichts geändert…"

❦

Nach einem Streit, wo ihr der Mann gesagt hatte, Frauen hätten kein Sinn für Humor, geht die Frau in die Stadt, um sich zu beruhigen. Dabei sieht sie einen süßen Damenhut und kauft ihn natürlich.

Als sie in der Tür erscheint, mit dem Kauf auf dem Kopf, sieht sie der Mann lange an und sagt:

„Ich war im Unrecht, ich entschuldige mich…"

Ich bin von dir enttäuscht“, jammert die junge Frau, „ich habe gehofft, du veränderst dich nach der Hochzeit.“

„Ich bin auch von dir enttäuscht!“

„Inwiefern?“

„Ich habe gehofft, du veränderst dich nicht!“

❦

Die Frau sitzt an der Nähmaschine und näht sich eine neue Bluse. Ihr Mann sieht mit Interesse zu und fängt an:

„Langsamer … bitte, bei dem Ausschnitt mehr nach rechts, und bei dem Kragen nicht so eng am Saum…“

„Bist du denn verrückt – du verstehst doch Bahnhof davon!“

„Ich gebe dir nur deine Ratschläge für mein Autofahren zurück…“

Bei einem Ehestreit kommt die Frau mit derart verdrehten Argumenten, daß sich der Mann verzweifelt an den Kopf greift:

„Um Himmelswillen, Weib, denk doch logisch!"

„Das könnte dir so passen!"

❦

Wie geht es dir in der Ehe", fragt man einen älteren gewordenen Bräutigam.

„Ich fühle mich wie ein Student."

„So jung bist du geworden?"

„Nein, aber ich rauche wieder heimlich auf dem Klo..."

❦

Warum kochst du für mich solche Unmengen von Speisen", regt sich der frischgebackene Gatte auf, „willst du mich mästen, oder was?"

„Wenn in dem Kochbuch nur Rezepte für fünf Personen sind....

Die frischgebackene Ehefrau weint.

„Ach, Schatzi, wir gehen lieber essen. Das Fleisch hat Feuer gefangen, und so habe ich es mit der Suppe gelöscht…“

Zwei Verheiratete:

„Das Schlimmste ist, daß man ab und zu seine Frau belügen muß.“

„Viel grausamer ist es, ihr ab und zu die Wahrheit sagen zu müssen…“

Frühmorgens verhört die Ehefrau unbarmherzig ihren Mann.

„Kannst du mir sagen, warum du gestern draußen die Schuhe ausgezogen, zusammengebunden und um den Hals gehängt hast?“

„Um dich nicht zu wecken, Schatz.“

„Und warum bist du dabei auf allen Vieren gekrochen?“

„Hab’ ich doch schon gesagt – um dich nicht zu wecken.“

„Dann erklär’ mir noch, warum du dabei gebrüllt hast: O du schöööööner Weeeeesterwald…“

Der Gatte kommt nach Hause, fällt angezogen auf das Bett und nuschelt:

„Wir haben gewettet, wer mehr in sich hineingießen kann!“

„Und wer ist Zweiter geworden?“

❦

Hier steht“, sagt Frau Schäfer von ihrer Zeitungslektüre aufsehend, „daß Witwen die besten Ehefrauen sind.“

„Soll ich also sterben, damit du das auch wirst...?“

❦

Liebling“, ruft ein Mann seine Frau, „komm' bitte zum Telefon, jemand möchte dir zuhören...“

Franz findet am Flur eine Geldbörse, sie ist leer. Er klingelt sofort bei Karl und fragt:

„Suchst du so was nicht?“

„Ja – das ist sie – danke! Aber woher wußtest du, daß es meine Geldbörse ist?“

„Ich kenne doch deine Frau...“

❦

Ich wette mit dir, du hast dich gestern mit Vera gestritten“, sagt Bruno mit geheucheltem Mitleid zu Franz, „dein verkratztes Gesicht spricht Bände.“

„Woher willst du es wissen?“

„Kenne doch Veras Handarbeit...“

❦

Die Ehefrau ruft spät in der Nacht in eine Bar an und fragt nach ihrem Mann. Doch der Ober kennt ihn nicht.

„Vielleicht könnten Sie ihn mir ein wenig beschreiben?“

Die Frau tut es. Schildert ausführlich das Aussehen und Kleidung.

„Ach jetzt erkenne ich ihn! Also, gnädige Frau, den erkennen Sie nicht wieder!!“

Der Mann schlägt Nägel in die Wand, die Frau sieht zu und bemerkt:

„Dein Hammer ist ja wie ein Blitz."

„Naja", lächelt der Mann geschmeichelt, „so was muß eben von einem Mann in die Hand genommen werden."

„Das hab' ich nicht gemeint. Der Blitz schlägt nämlich niemals zweimal an der selben Stelle ein..."

Also Mäuschen", sagt der Vater bitter zu seiner Tochter, „der Mutter zu verraten, um wie viel Uhr ich gestern nach Hause gekommen bin, das hättest du wirklich nicht tun müssen!"

„Aber ich habe ihr nicht verraten, wie viel Uhr es war, ich antwortete nur, daß ich eben das Frühstück zubereitet hatte..."

Hör' zu, Liebes", sagt der Gatte argwöhnisch, „hast du auch für deinen früheren Mann gekocht?"

„Nur wenn er etwas angestellt hat..."

Würden Sie mir Ihre Tochter für das ganze Leben anvertrauen?" fragt der Freier den Vater.

„Sicher. Aber spätere Reklamationen sind ausgeschlossen..."

❦

Wie ich feststellte, küßt du deine Frau, als wäret ihr vierzehn Tage und nicht vierzehn Jahre verheiratet."

„Es ist auch die billigste Möglichkeit, ihr den Mund zu stopfen..."

❦

Melden Sie mich beim Chef an!"

„Der ist leider verreist!"

„Na erlauben Sie – ich bin seine Frau!"

„Das sagen alle..."

Ein Mann meldet bei der Polizei, daß aus einer Anstalt ein Verrückter ausgebrochen sein mußte.

„Uns ist kein Ausbruch gemeldet – woher wollen Sie das wissen?“

„Nun, jemand ist mit meiner Frau abgehauen…“

❦

Ich weiß nicht“, sagt die unglückliche Ehefrau bei dem Winterausflug zu ihrem Mann, „immer ist der Ski an meinem einen Fuß schneller als der andere…

❦

Der Bengel ist mir an die Geldbörse gegangen“, regt sich der Vater auf.

Die Mutter will die Lage retten: „Warum er – genauso gut könnte auch ich es gewesen sein!“

„Unsinn! Dann wäre gar nichts mehr drin!“

Die Frau ist am schlimmsten dran, wenn die Männer behaupten, sie sei in den besten Jahren.

Die Ehe war die erste totalitäre Einrichtung. Der Liebe Gott kam zu Adam, stellte ihm die Eva vor und sagte freundlich:

„Und jetzt kannst du frei wählen, Adam!“

DEKALOG IX

Der größte Feind des Ehebruchs ist nicht die Treue, sondern die Faulheit.

Trifft man einen sehr häßlichen Kerl mit einer sehr schönen Frau, fühlen sich fast alle Männer persönlich betrogen.

Wie bist du zu deinem blauen Auge gekommen?"

„Ich holte ein Mädchen aus dem Wasser, da tauchte plötzlich meine Alte auf und schlug mir dieses Veilchen!"

„Das ist ja krankhafte Eifersucht und unmenschlich dazu! Wo ist es denn passiert – am Schwimmbecken oder am Fluß?"

„Zu Hause im Badezimmer..."

Ich bitte dich", ärgert sich Frau Neumann, „sei doch nicht vor fremden Menschen so höflich und nett zu mir! Jeder glaubt dann, ich gehe mit dir fremd!"

Ich muß dir gestehen", sagt die Frau auf ihrem Sterbebett zu ihrem Mann, „seit den letzten fünf Jahren habe ich dich ständig betrogen. Kannst du mir verzeihen?"

„Verzeihe du mir auch", antwortet liebevoll der Angesprochene, „ich hab' dich nämlich deshalb vergiftet..."

Der Wind klappert mit der Tür, man hört es bis in das Schlafzimmer, wo friedlich die Eheleute schlafen.

„Mein Gott!" jammert die Frau aus dem Schlaf aufgerissen, „mein Mann!"

Der Mann springt aus dem Fenster.

Frau Neuschwerer, wieso haben Sie ihren Mann vergiftet?" fragt streng der Richter.

„Weil ich kein Geld für die Scheidung hatte..."

Heute Nacht", sagt Lord Chesterfield, „hab' ich mindestens zwölf Gentlemen die Hörner aufgesetzt!"

„Also jetzt", sagen alle seine Freunde, „haben Sie mächtig übertrieben, Mylord!"

„Oh, no, ich hab' mit meiner Frau das Bett geteilt..."

Weißt du, daß ich noch nie meinen Mann betrogen habe?" erklärt Frau Reiper ihrer Freundin.

„Sagst du es aus Stolz oder mit Bedauern...?"

Monika ist eine ideale Frau", erklärt überall ihre Freundin, „sie ist ihrem Mann treu und dabei so lieb zu ihm, als würde sie ihn nach Strich und Faden betrügen..."

Bevor er zum Heiligen Grab aufbricht, verschließt der Kreuzritter den Keuschheitsgürtel seiner Ehefrau und vertraut den Schlüssel seinem besten Freund an.

Schon hinter dem ersten Hügel holt ihn sein bester Freund mit schaumbedecktem Pferd ein:

„Das ist nicht der richtige Schlüssel..."

❦

Hast du endlich deiner Frau beigebracht, daß sie sich nicht so viel herumtreiben darf?"

„Nein. Bisher hab' ich sie noch nicht zu Hause erwischt..."

❦

Frau Schäfer brüstet sich vor ihrer Freundin: „Mein Mann veröffentlicht jedes Jahr mindestens eine tolle Liebesgeschichte!"

„Auch mein Mann hat jedes Jahr eine Liebesgeschichte – zu verheimlichen..."

Herr Schäfer kommt in die Kur und nach einer gewisser Zeit hat er auch einen Kurschatten. Er leiht sich ein Boot, und sie fahren auf den See hinaus. Auf einer abgelegenen Insel legt er an, sie begeben sich auf eine schöne schattige Lichtung und sitzen eine Weile im grünen Gras.

Schließlich wird Schäfer ungeduldig und wendet sich zu seiner Partnerin:

„Eigentlich verachte ich leichte Weiber, aber anderseits möchte ich darauf hinweisen, daß die Leihgebühr für das Boot fünfzehn Mark pro Stunde ausmacht…“

Ich muß Ihnen“, sagt die Nachbarin, „etwas Pikantes über Ihren Mann sagen.“

„Ja erzählen Sie, und gründlich, ich brauch' einen neuen Mantel…“

„Wo warst du so lange?“ fragt der Ehemann seine Frau mißtrauisch.

„Bei einer Freundin.“

„So, Freundin. Und was macht das Loch in deinem Strumpf.“

„Das hatte ich doch schon, als ich am Nachmittag wegging. Du selber hast mir es gesagt.“

„Aber da trugst du das Loch am anderen Bein!“

❦

Ein Gentleman genießt und schweigt. Er redet nicht über seine Liebesabenteuer. Er schreibt darüber ein Buch.

❦

„Also Sie glauben“, sagt der Regisseur zweifelnd zum Dramatiker, „dieses Schauspiel bringt Zuschauer ins Theater. Wie können Sie dessen so sicher sein?“

„Die Heldin wechselt mehrmals die Kleider – das lockt die Frauen, und sie tut es auf der Bühne – das wiederum zieht die Männer an…“

Also meine Frau glaubt, ich wäre der Liebhaber ihrer besten Freundin, und mir tut es leid…"

„Kann ich verstehen, so ein Mißtrauen schmerzt…"

„Nein, es tut mir leid, daß das nicht stimmt!"

Hör' zu", sagen die Kollegen zu einem der ihren, „wenn du immer gegen acht Uhr abends deine Frau so feurig liebst, solltest du die Fenster verhängen. Die ganze Straße amüsiert sich schon."

„Unsinn – in dieser Zeit bin doch noch in der Kneipe…"

Weißt du, daß deine Frau den Fleischer mit dem Milchmann betrügt?"

„Das macht mir nichts aus – solange sie mir treu bleibt…"

Die Ehefrau kommt zum Arzt und beschreibt genau den Zustand und das Verhalten ihres Mannes.

„Das ist nichts besonderes“, sagt der Arzt, „nur eine allgemeine Erschöpfung. Ich schreib ihnen ein Mittel auf.“

„Bitte, schreiben Sie es zweimal“, bittet die Ehefrau.

„Auch für Sie wohl?“

„Nein, für meinen Freund.“

❦

Die Hennen in einem Hof begannen plötzlich Eier in allen Farben des Regenbogens zu legen.

Kräht der Hahn wütend:

„Wenn ich den verdammten Pfau in die Hände bekomme...!“

Herr Kussag beim Psychiater.

„Ich mache mir Sorgen um meine Frau. Ständig schreit sie im Schlaf: ‚Nein, Karl, nein!' – und das schon seit vierzehn Tagen."

„Na, und?"

„Ich heiße doch Alex!"

„Nun ich würde ruhig bleiben. Solange sie noch ‚nein' sagt..."

❦

Sei unbesorgt", sagt die Ungetreue ihrem Liebhaber, „mein Gatte kommt wirklich nicht!"

„Wie kannst du dir so sicher sein!"

„Er hat dabei schon fünfmal eins über die Rübe bekommen!"

❦

Ich möchte heiraten!"

„Dann tue es doch!"

„Aber wie bring ich es meiner Frau bei?"

Warum versteckt die untreue Frau ihren Liebhaber im Kleiderschrank? Damit auch der sieht daß sie nichts anzuziehen hat.

❦

Frau Baumann wurde von ihrem Mann in flagranti ertappt. Ihr Ehemann reißt die Tür auf und brüllt: „Raus, sofort alle beide, auf der Stelle – raus!“

Die Dame protestiert. „Szenen vor fremden Menschen möchte ich mir verbeten haben, Alex!“

❦

Ein heimkehrender Ehemann irrt sich im Stockwerk und findet seine Ehefrau beim Nachbarn im Bett.

„Das ist eine Unverschämtheit, eine fremde Wohnung zu betreten“, zischt ihn die Ungetreue an, „weißt du denn nicht, daß wir einen Stock tiefer wohnen?!“

Mac Ourgus traf sich regelmäßig mit einer jungen lebenshungrigen Dame aus der Nachbarschaft. Die Verständigung war einfach. Immer nachdem der Ehemann das Haus verlassen hatte, warf die junge Ehefrau einen Penny aus dem Fenster. Es klirrte und der Liebhaber war da.

Doch diesmal klappt es nicht richtig.

Der Penny fällt, die Schöne wartet sehnsüchtig, nichts. Schließlich beugt sie sich aus dem Fenster und ruft. „Oh my God, Angus, der Penny ist schon längst gefallen und du kommst nicht!"

„Gefallen, gefallen, das schon", tönt die verzweifelte Antwort, „aber ich kann den Penny nicht finden..."

Frau Neuschwerer kommt mit einem neuen Kostüm nach Hause. Alle Kinder sind begeistert. Die kleine Petra fragt naiv: „Das hat dir der Vati gekauft?"

„Was, Vati?" sagt Mutti aufgebracht, „wenn es an ihm läge, dann hätte ich nicht mal euch!"

Ich weiß alles", ruft triumphierend der gehörnte Mann, und knallt einige Fotos auf den Tisch des Verführers seiner Frau, „die geheime Kamera hat alles registriert, sie war über dem Bett installiert. Was sagen Sie dazu?!"

Der Angesprochene wühlt nachdenklich in den Bildern und zeigt dann auf einige Nacktszenen. „Von denen da hätte ich gern eine Vergrößerung..."

Sag mir, warum regst du dich auf", sagt die ertappte Frau ihrem Mann, „ich weiß ja noch nicht einmal, er heißt..."

Herr Franz macht einem Kurschatten den Hof, der nicht gerade mit Schönheit gesegnet ist. Als er gefragt wird, warum er sich kein schöneres Objekt ausgewählt hat, seufzt er:

„Mir ist immer noch bange nach meiner Frau."

Was gibt's Neues", fragt ein Freund den anderen.

„Meine Frau betrügt mich mit meinem Nachbarn!"

„Ich hatte gefragt, was es Neues gibt."

❦

Ein Patient beklagt sich über mangelnde Potenz, bekommt ein Rezept und meldet sich nach vierzehn Tagen strahlend: „Ein Wunder, Herr Doktor, das ist ein hervorragendes Mittel!"

„Das freut mich," lächelt der Arzt, „und sicher freut es auch Ihre Frau Gemahlin."

„Das weiß ich nicht. Seit zwei Wochen war ich nicht mehr zu Hause!"

❦

Wollen sie nicht den kostbaren Pelz Ihrer Frau versichern lassen?"

„Nein, wie ich gestern abends festgestellt habe – läßt sie ihn bewachen..."

Herr Baumann ist aufgebracht. „Ich habe meine Frau mit einem Liebhaber im Bett angetroffen!“

„Na und, hast du die beiden verprügelt?“

„Nein,“ sagt er, „aber ich habe laut mit der Tür geknallt, um zu zeigen, daß mir das nicht lieb ist!“

❦

Franz ist erkältet und hat die Stimme verloren. Er besucht seinen Freund und fragt flüsternd dessen Frau:

„Ist Bruno zu Hause?“

„Nein“, flüstert die ebenfalls, „komm’ rein…“

❦

Nein, junger Mann“, sagt eisig ein älterer Ehemann, der sich statt seiner viel jüngeren Frau am Telefon meldet. „Sie haben sich nicht in der Nummer, sondern in der Stunde geirrt!“

Ein Gatte geht am lauen Abend spazieren und plötzlich hört er eine schwache Stimme von Erdboden:

„Ich will mit dir! Hilf mir!"

Zu seinem Erstaunen sieht er, daß ein kleiner Frosch spricht. Also erfüllt der Mann dem Frosch seinen Wunsch und steckt ihn in die Tasche. Zu Hause spricht der Frosch zum zweiten Mal:

„Nimm mich ins Bett!"

Der Mann tut es, auch wenn ihm das nicht ganz geheuer ist. Doch damit endet es nicht.

„Küß mich" quakt der Frosch, „und du hilfst mir!"

Dem Mann kommt es schon ein bißchen grauslich vor, doch er opfert sich. In demselben Augenblick verwandelt sich der Frosch in ein schönes, attraktives Mädchen und liegt nackt neben unserem Helden.

Dumm ist nur, daß ihm seine Frau, die eben hereingekommen ist, die Geschichte nicht abkaufen will...

Die Relativität des weiblichen Vertrauens. Erzählen Sie ihrer Gattin, Sie hätten bei der Heimreise ein UFO gesehen – sie wird's Ihnen ohne weiteres glauben. Doch noch nie gelang es einem zu erklären, wie ein Frauenhaar auf seinen Mantel gekommen war…

❦

„Die Post arbeitet immer miserabler!"
„Wieso, Frau Müller?"
„Da hat mein Mann mir eine Ansichtskarte von seiner Dienstreise in Lyon geschickt, und die haben dort den Stempel von Nizza draufgetan!"

❦

Eine Fluggesellschaft führte probeweise Flüge für Ehemänner mit fünfzigprozentiger Ermäßigung für die begleitenden Ehefrauen ein. Nach einer gewissen Zeit verschickte sie Fragebogen an die Frauen, wie ihnen der Flug gefallen hat.

Noch heute kommen Antworten. „Was für ein Flug?"

Die Liebe kommt und geht“, seufzt Herr Spuler, „nur die Ehefrau bleibt – solange sie nichts erfährt…“

❦

Ein zu zehn Jahren Verurteilter wird plötzlich begnadigt und trifft bei seiner Frau einen fremden Mann im Bett. „Was“, sagt sie, „es ist schon 1998?“

❦

So!“ brüllt der Mann nach einigen unangenehmen Entdeckungen im Familienbudget, „und da haben deine Eltern vor der Hochzeit behauptet, du wärst bescheiden und anspruchslos!“

„Zu der Überzeugung sind sie auch gekommen, als ich ihnen sagte, daß ich dich heiraten werde…“

„Ach, Mutti", sagt die Ehefrau in der Tür, „warum hast du nicht vorher angerufen, daß du kommst?"

„Ich wollte einmal deinen Mann kennenlernen..."

❦

„Fußball", sagt kurz Frau Baumann auf die Fragen, wieso ihr Mann die Hand verbunden habe.

„Was, in seinem Alter geht er wieder spielen?"

„Nein, er schlug mit der Faust in den Fernsehapparat..."

❦

Die Frau kommt von dem Ball zurück zu ihrer Mutter und heult:

„Du hast mir geraten, die Kleider mit dem großen Ausschnitt zu nehmen und er..."

„... war eifersüchtig – na das wolltest du doch!"

„Nein – er ist mit dem Hut hinter mir hergegangen und hat gesammelt..."

Du hörst mir gar nicht zu", beschwert sich der Lyriker bei seiner Frau, als er ihr sein neues Gedicht vorliest, „du gähnst ja dabei!"

„Das ist der Beweis, daß ich zuhöre!"

Die Monika", sagt ihre Freundin mitfühlend, „ist jede Nacht auf – sie kann nicht schlafen."

„Soll sie doch ein Schlafmittel nehmen!"

„Das will sie eben nicht. Ihr Mann spricht im Schlaf, und sie ist sehr neugierig..."

Eine höchst attraktive Dame steht inmitten der Menschenmasse, die sich nach einer Feier auflöst. Ein Mann kommt auf sie zu und verbeugt sich höflich:

„Wollen Sie nicht so nett sein, sich einen Augenblick neben mir unter den Baum zu setzen?"

„Gern, aber warum?"

„Nun, mir ist in der Menge meine Frau verlorengegangen. Wenn Sie aber nur eine Minute mit mir plaudern, taucht sie sofort auf..."

EPILOG
Scheidung – die Fortsetzung eines Irrtums mit anderen Mitteln

Die Mutter zu ihrer Tochter:
„Du schweigst ständig die ganze Zeit vor dich hin, was ist denn los mit dir?"

„Ich fürchte, ich werde mich scheiden lassen müssen."

„Aus welchen Grund denn?"

„Mein Mann mir hat gestern seinen Freund vorgestellt."

„Das ist doch kein Grund..."

„Doch. Du kannst dir nicht vorstellen, wie aufmerksam, lieb und sexy der Freund ist..."

Mac Shwera heiratet und alle wundern sich, daß die Eheleute auf dem Hochzeitsfoto ziemlich weit von einander stehen.

„Für den Fall der Scheidung", erklärt der Bräutigam, „es ist dann einfacher, die Aufnahme zu teilen..."

Meine Mutter", sagt Monika traurig, „erinnert sich an den ersten Kuß, den ihr Papa gegeben hat, und ich kann mich nicht einmal entsinnen, wie mein erster Mann aussah..."

Ein Starlet hat den Regisseur geheiratet, um Karriere zu machen. Sie wird von den Kolleginnen natürlich beneidet. Eine von ihnen fragt sie, wie es wohl in der Ehe klappe.

„Nicht gut", ist die Antwort, „wir haben uns nach meiner ersten Hauptrolle erwartungsgemäß von Bett und Tisch getrennt!"

„Was! Essen kann er auch nicht?"

❦

Monika hat Eheprobleme.

„Verlaß diesen Schweinehund", rät ihre Freundin.

„Das hat keinen Sinn", heult Monika, „ich habe es schon zweimal getan und er hat es gar nicht gemerkt..."

❦

Wieso lassen Sie sich scheiden, Frau Gussack?"

„Ich ertrage es nicht, als Ehefrau eines Gehörnten herumzulaufen!"

Meiner ersten Frau“, sagt ein berühmter Manager, „verdanke ich meine Karriere. Meiner Karriere verdanke ich meine zweite Frau...“

❦

Ich mußte“, sagt der weibliche Star, „meine Heirat mit John um zwei Monate verschieben – ich hab' nämlich gestern David geheiratet...“

❦

Ein lebenslustiger, oftmals geschiedener Schauspieler trifft eine rassige Blonde, die ihn mit strahlenden Lächeln anspricht.

„Sie haben mich wohl vergessen, Sie Böser! Und doch haben Sie vor einem Jahr um meine Hand angehalten!“

Der Schauspieler wird unsicher: „Und ... haben wir auch geheiratet...?“

Dürfte ich, Liebling," sagt Frau Swoboda, „meinen ersten Mann am Sonntag zum Mittagessen einladen?"

„Gern! Ich liebe es, glückliche Leute um mich haben!"

Frau Jung zu ihrem Anwalt: „Ich will mich scheiden lassen."

„Aus welchen Grund?"

„Er schnarcht und schnarcht...."

„Frau Jung", sagt der Anwalt lächelnd, „das ist sicher lästig, aber kein Scheidungsgrund!"

„Doch! Er schnarcht jede Nacht bei einer anderen!"